CW00468125

Weil eine Welt mit Geschichten
eine bessere Welt ist.

Günter Zimmel

So, oder so ähnlich

Life is a story

schreib's auf
story.one

1. Auflage 2020
© Günter Zimmel

Herstellung, Gestaltung und Konzeption:
Verlag story.one publishing – www.story.one
Eine Marke der Storylution GmbH

Gesetzt aus Minion Pro und Lato.
© Coverfoto: Andrew Buchanan, Unsplash
© Fotos: Privat

Printed in the European Union.

ISBN: 978-3-99087-257-4

Gewidmet allen Menschen, die immer an mich geglaubt haben und die immer hinter mir stehen.
In Erinnerung an Jürgen. Und für euch, die ihr hinter meinem Rücken über mich herzieht. Ja, ihr Pisser: Das ist MEIN Buch. Und auch DAS kann ich als meinen Erfolg verbuchen. Und ihr ??? …

INHALT

書家古巷

中國珠海唐家灣

善墨書舍汪子善山

Intro

Ich bin heute- bezogen auf meine Vergangenheit- ein sehr glücklicher Mensch, weil ich das, was ich euch erzähle, bereits erlebt habe und mir das deswegen keine Angst mehr machen kann. Angst, wie es so vielen Männern und Frauen unserer Zeit macht, wirklich leben zu können. Und zu wollen. Dabei ist es so leicht, wenigstens zaghaft frei zu sein. Natürlich war das damals eine andere Zeit, in der vieles einfacher war. Aber seit versichert: Ein wenig Freiheit geht immer; auch heute noch.

Getan habe ich das alles zwischen 1984 und 1990. Für mich eine echt tolle Zeit kann ich euch sagen. Wild, hemmungslos, unbedacht und frei. Meine ganz privaten Sechzigerjahre.

Mit Sicherheit werde ich mich heute nicht mehr ändern. Auch nicht oder erst recht nicht, obwohl ich weiß, dass einige Menschen um mich herum das gerne hätten. Sicher bin ich auch durch mein Erlebtes ein etwas schräger Typ geworden und mein heutiges Umfeld sollte oder muss damit leben können. Ob sie wollen oder nicht. Ich habe aber absolut keinen Bock mehr darauf, so vielen für mich sehr oft belanglosen Menschen, welche mich immer wieder danach fragen, erklären zu müssen, warum ich heute so bin wie ich nun mal bin. Auch deswegen schreibe ich diese Geschichten aus meinem Leben. Wenn solche Menschen wirklich wissen wollen, was mit mir „nicht so ganz stimmt", sollten sie dieses Buch lesen. Vielleicht verstehen sie ja dann. Und wenn nicht, habe ich zumindest ein weiteres Buch verkauft!

Ich habe bewusst alle Namen verfälscht, um etwaige Klagen von vornherein auszuschließen. Da ich natürlich davon ausgehe, dass dieses Buch ein Knüller wird, sehe ich bereits die Neider, wie sie geifernd in meine Tasche greifen möchten, um mir wieder mal zu schaden. Versucht es erst gar nicht...wer auch immer du glaubst, in diesem Buch sein zu wollen!

Nur das Schöne aus meinem Leben wird hier erzählt. Das weniger Schöne lasse ich lieber weg. Denn wer will schon seine eigenen negativen Erfahrungen und inneren Ängste in einem Buch eines Fremden wieder finden wollen.

Auf einiges in dieser Erzählung bin ich stolz, auf einiges dann nicht so wirklich und einiges ist einfach nur absolut geil. Komisch ist hoffentlich alles. Aber egal, wie toll das hier geschrieben steht: Leute: Bitte, bitte nicht nachmachen. Das kann alles ganz gewaltig ins Auge gehen. Glaubt mir! Unter anderem haben griechische Zuhälter kein Verständnis dafür, dass ein Typ seine Alte verführt, derweil er mit seinen Kumpels am Karten spielen ist. ICH hatte wohl viel Glück in diesem Leben. Ihr habt das dann aber vielleicht nicht! Und dann gibt es ganz gewaltig auf die Fresse!

Das, liebe Leute, ist mein tollpatschiger Versuch, Euch den Anfang meines Buches näher zu bringen...

Vorgeschichte

Die Siedlung, in der ich aufgewachsen bin, hatte einen für damalige Verhältnisse sehr ansprechenden Spielplatz. Dort trafen sich alle. Seit Jahren. Fast jeden Tag. Zum Beispiel mit 12 Jahren zum Rauchen. Da gab es einen riesigen Ringlottenbaum (Ringlotte = Edel-Pflaume). Der war so begehrt, dass wir Tage ausmachten, an welchen wer wo sitzen durfte. Natürlich hatte derjenige, welcher eine Packung Zigaretten mit sich trug und teilen wollte das Recht, die Rang- und Sitzordnung umzustrukturieren. Dafür musste halt mit Kippen bezahlt werden. Das ging auch lange gut. Wir waren ein eingespieltes Team. Natürlich gab es aber auch Außenseiter, die wenig bis kein Mitspracherecht hatten. Leute mit keinem Geld zum Kauf von Zigaretten. Da gab es halt vor allem zwei: Meinen Bruder und mich. Aber DAS ist eine andere Geschichte. Wir waren trotzdem irgendwie dabei. Und wir fühlten uns absolut sicher in diesem Baum. Das war unser Versteck, unser Zufluchtsort. Bis ich eines schönen Frühsommertages eine fürchterliche Entdeckung machen musste!

Mein Bruder war schon vorgegangen, um sich mit unseren Raucherfreunden zu treffen. Ich hatte die große Ehre, nachdem ich schon Mittagessen gekocht hatte, dafür zur Belohnung für Mami auch noch den Abwasch machen zu dürfen. Nach getaner Arbeit sprang ich hastig in meine Schuhe und rannte los Richtung Raucherbaum. In vorfreudiger Erwartung meiner heute ersten Kippe bog ich um die Ecke in Richtung Spielplatz und blieb abrupt stehen. Was ich da sah, trieb mir den Angstschweiß auf die Stirn. 50 Meter vor mir unser gelobtes Versteck. Unsere- von niemanden einsehbare- Raucherpalme. Ein Ort der Sicherheit... aus der eine 10 Meter breite Rauchsäule aufstieg und sich erst 50 Meter über der Baumkrone ins Nichts verflüchtigte. Heute finde ich es schade, damals keine Digitalkamera besessen zu haben. Diesen Anblick kann keiner mit Worten wiedergeben. SO wiedergeben, dass es reell wird.

Na und später traf man sich halt am Spielplatz um zu saufen UND zu rauchen. Mit 14 bist halt schon groß. Da musst du dich nicht mehr in einem Baum verstecken, in dem dich keiner sehen kann. Was für ein Hohn. Mit 16 hab ich dort die zweithässlichste Frau in meinem Leben flach gelegt. Oder sie mich? Aber wer will das mit 16 schon so genau wissen. Es ist auch nicht wirklich erzählenswert. Außer vielleicht, das die Beste genial feucht war. Also wirklich genial feucht. Und so abartig Geil auf den schönsten und sicher jüngsten Typen in ihrem Leben. Ich hab es ihr ehrlich gegönnt.

Heute steht auf diesem (meinem) Spielplatz eine Reihenhaussiedlung. Dieser Platz wurde für mich und uns entweiht! Stadtplaner geben halt einen Scheiß auf die Gefühle einzelner und anderer. Doch meine Erinnerung an die schöne Zeit dort kann mir keiner nehmen. KEINER!

Der Ball

1984: Da gab das Saufen und Rauchen auch einem Revolutionär wie mir in der Öffentlichkeit nichts mehr her. Als 18jähriger machst du damit keinen Polizisten mehr scharf. Trotzdem trafen wir uns- wenn auch nur noch selten- an unseren Spielplatz. Zum Reden, zum Angeben, zum Saufen und zum Rauchen. Da standen wir also und schwelgten in Erinnerungen als plötzlich von Klaus der Spruch kam: „Ich gehe heute noch zu einen Ball!" Mein Stichwort! Aber wie? Wir wissen, ich hatte damals kein Geld und daraus resultierend auch nix gescheites anzuziehen. „Ich würde gerne mitgehen, habe aber keinen Anzug." hörte ich jemanden sagen. Es dauerte nicht lange bis ich begriff, dass ich derjenige war, der diese Worte in die Runde kotzte. Klaus aber blieb absolut lässig und entgegnete mir: „Keine Sache Alter. Eine Hose wirst du ja wohl haben. Ein Hemd, Krawatte und eine Jacke borge ich Dir. Gehst du also mit mir mit zum Ball?" Nachdem ich mir auch noch zusichern lies, 200 Schilling (für die Jungen: Zahlungsmittel vor anno 2002) leihweise von ihm zu bekommen, stimmte ich zu. Und so nahm alles seinen Lauf.

Mein Dasein sollte sich in dieser Nacht- das glaube ich zumindest- zu dem entwickeln, was ich heute den Beginn Lebensgeschichte nennen darf. Ob ich mit dem Wissen von heute über das, was mir alles widerfahren wird, trotzdem mit Klaus gegangen wäre? Leute: Mit 100%iger Sicherheit!

So stand ich dann zwei Stunden später im Zimmer von Klaus. Was da alles geredet wurde und welche Pläne wir geschmiedet haben, weiß ich heute nicht mehr. Ist für diese Geschichte auch nicht relevant. Was ich allerdings noch weiß: Ich würde unter Garantie auffallen! An meiner Kleidung passte absolut nichts zusammen. Nicht in der Farbe und auch nicht in der Form. Irgendwie sah ich aus wie ein abgehalfterter Staubsauger-Vertreter. Und trotzdem- ein klein wenig auch deswegen- wagte ich mich in die Menge. Auf zum Ball des BORG ins Kulturhaus. Die 200 Lappen in die Tasche und wir zwei waren unterwegs.

Nun gebe ich ehrlich zu, dass mich mein erster und bis dato letzter Ball schon ein wenig traumatisiert hat und ich auch dieses Trauma bis heute mit mir herumschleppen darf. Wie ich schon vermutete, war unter anderem ich im

Ballsaal das Gespött des Abends. Stell dir vor, du kommst in eine Halle, in der alles Männliche mit schwarzem Anzug oder Smoking auf der Lauer nach einer weiblichen Beute liegt und plötzlich fängt die ganze Meute an zu grölen, den Zeigefinger in deine Richtung gestreckt. Keine schöne Sache. Echt nicht. Und auf der Tanzfläche „alles Walzer". Damals wusste ich noch nicht mal, wie man das schreibt! Ich war auch in dem Glauben, das dies alles war, was ich hier zu erwarten hätte und schon im Begriff, die Fliege zu machen. Zu meinem Glück ließ mich Klaus aber nicht im Stich. Mit einem Schmunzeln im Gesicht erklärte er, dass es mir und uns wahrscheinlich im Keller besser gefallen würde. Und so landeten wir also in den Katakomben dieser Veranstaltung, der Disco!

Beatrix 1

Schon auf dem Weg in die zu ergründen-
den Tiefen der Veranstaltung hallte uns laute
Rockmusik entgegen. Wir betraten das Reich
der Nichttänzer und Nachtmenschen. Dicke
Rauchschwaden durchzogen den großen Raum
(für die Jungen: Damals wurde das Rauchen in
der Öffentlichkeit strafrechtlich noch nicht ver-
folgt…). Es roch nach Zigaretten, Schweiß und
Schnaps. Düstere Beleuchtung verbarg mein
Äußeres. Auf der Tanzfläche einige wild gesti-
kulierende Gestalten und an der viel zu kleinen
Theke ein Gefecht um die spärlichen Stehplätze.
Ja, Alter, genau hier bist du richtig. Hier ist dein
Platz…

Klaus war plötzlich weg. Da ich aber voll in
meinem Element war, störte mich das nur be-
dingt. Er würde bestimmt wieder mal nach mir
sehen. Jetzt aber auf in den Kampf. Hier gab
es Bier, Heavy Metal und Weiber. Ich öffnete
meine Krawatte ein wenig und trat an die Bar.
Glücklicherweise war gerade eine kleine Nische
in der Menschenmenge frei geworden. Aufgeregt und durstig bestellte ich mein erstes Bier,

bekam es und trank. Neugierig aber nichts erwartend drehte ich mich dabei nach rechts und im selben Moment stockte mir der Atem. Mein Herz fing an, schneller zu schlagen und ich bemerkte, wie meine Hände feucht wurden. Da stand sie und lächelte mich an! Ein Gesicht wie eine ägyptische Göttin. Lange, pechschwarze Haare, braun gebrannte Haut. Eine Wespentaille, schmale Hüfte und handgroße, feste Brüste. Alles eingehüllt in ein hautenges Tigerkleid und schwarze Netzstrümpfe. Leute: Sollte ich jemals in meinem Leben wirkliche Liebe empfunden haben, dann in diesem magischen Augenblick. Beatrix war in mein Leben getreten!

Ich erwiderte ihr Lächeln und bemerkte aber im selben Moment, dass sie irgendwas zu bedrückten schien. Ich brauchte nicht lange, um zu wissen, was diese Göttin quälte: Pat & Patachon (für die Jungen: Das war ein dänisches Komiker-Duo der Stummfilmzeit.). Zwei „Experten" aus meiner Siedlung, die ich ganz vorsichtig beschreiben möchte als: Pickelige, hirnlose, schwachsinnige, nichtrauchende und völlig nutzlose Arschlöcher! Und die beiden Scheißhaufen (Verzeihung für den Ausdruck!!!) machten sich über meine zukünftige Frau her. Warum sich Beatrix gegen die beiden Pfeifen nicht gewehrt hat, ist mir bis heute ein Rätsel. Die zwei Knalltüten haben versucht, das Mädel abzufüllen und durch andauerndes „per du-trinken" Küsschen von ihr zu erhaschen. Nach jedem Schluck Sekt und Wangenknutscher wurde der Blick von Beatrix trauriger und angewiderter.

Beatrix 2

Da ich das

1) ganz sicher nicht länger mit ansehen wollte,

2) ich ein hilfsbereiter Mensch war und bin,

3) ich auf jedem Fall in der Lage war, es mit den Deppen aufzunehmen

4) mir die beiden Typen gewaltig auf den Sack gingen und

5) ich die Puppe für mich haben wollte,

schritt ich zur Tat. Obwohl ich das Zeug nicht mag, bestellte ich mir auch ein Glas Sekt, umfasste zärtlich ihren Arm und zog sie sanft aber bestimmend in meine Richtung. „ Hallo Süße, ich bin Günter. Seih mir bitte nicht böse, aber ich kann mir dieses Drama nicht länger ansehen. Keine Ahnung, was die beiden Vögel mit Ihrer Aktion erreichen wollen. Aber was auch immer: Heute gehen die Idioten leer aus.

Und egal, was die zwei Vollkontakt-Sternsinger verzweifelt versuchen, ich kann das alles mit Sicherheit besser. Also auf Dich, auf uns und den heutigen Abend." Sie stellte sich mir vor, nahm ihr Glas und hakte sich bei mir ein.

Das erste Mal in meinem Leben hatte ich ein Gefühl von Stolz. SO müssen sich Helden fühlen, dachte ich bei mir. Macht ist sehr berauschend. Auch wenn diese Macht nur einen Augenblick andauert... Wir tranken einen Schluck. Ich dachte, ich bilde mir das ein, aber heute weiß ich, sie fing an, ganz leicht zu zittern. Die Frau war vom ersten Augenblick an verrückt nach mir. Aber auch ich merkte, wie langsam aber sicher meine Euphorie in die Hose rutschte. Sie drehte sich kurz zu den beiden verdutzt glotzenden Schwanzlurchen um, die immer noch erwartungsvoll ihre Gläser hochhielten und warf ihnen einen so lüsternen Blick zu, wie ich so einen noch nie gesehen hatte! Dann drehte sie sich wieder zu mir und wir blickten uns in unsere Seelen. Das Ende dieser Show wird bestimmt bereits jedem klar sein. Ich fuhr ihr sanft durch ihr Haar. Mit der anderen Hand umfasste ich ihren wohlgeformten, festen Hintern und schob sie mit einem zarten Ruck ganz nahe zu mir. Ihr heißer Atem strömte über mein Gesicht, als sie ihren vollen und sinnlichen Mund verlangend öffnete. Wir küssten uns, als gebe es kein Morgen. Küssen konnte die Kleine... sagenhaft!

Als wir in einer kurzen Atempause hochblickten um zu trinken viel mir auf, dass die beiden Hampelmänner verschwunden waren. Ich hab da aber nicht wirklich weiter darüber nachgedacht. Doch bin ich mir auch heute noch sicher, dass die beiden nach Hause gelaufen sind. Einen zweiten Angriff auf ein Mädel haben die beiden mit Sicherheit nicht gestartet. Sicher nicht an diesem Abend! Ich allerdings hatte seit diesem Ball eine Frau an meiner Seite. Und was für eine!

Der erste Versuch

Beatrix und ich waren also ein Paar. Ich glaube, wir waren beide sehr glücklich. Mama und Papa Beatrix hingegen leider ganz und gar nicht! Papa, Bankdirektor a. D., wollte für seine Tochter immer einen Mann mit zumindest einem Titel. Bei einem „kleinen" Ing. hätte er wahrscheinlich auch noch die Nase gerümpft, aber ich...? Ein läppischer Zahntechnikerlehrling im zweiten Jahr? Mit langen Haaren, einem Ohrring und vor allem ohne Geld? Nein! DAS hatte er sich für seine Tochter anders gewünscht. Und glaubt mir: Die Eltern von Beatrix haben nichts unversucht gelassen, mir das auch zu zeigen. Dann könnt ihr euch sicher vorstellen, was los war, als Beatrix eine der in Familienbesitz befindlichen Garconnieren für uns haben wollte! Wie bereits erwähnt war Papa früher mal Bankdirektor, hat also ordentlich Geld nach Hause gebracht. Davon wurden dann einige Wohnungen angeschafft. Eine davon stand damals leer und die wollten wir für uns haben. Ich habe nie mehr in meinem Leben so viele unnötige, belanglose und dumme Gespräche über eine Sache führen müssen wie damals. Egal, welches

Argument wir vorgebracht haben, er wusste etwas zu entgegnen. Egal, wie schwachsinnig seine Aussagen auch waren; er glaubte sich immer im Recht. Und ich halt jung, dumm und vor allem unerfahren. Leichte Beute für den alten Mann. Es war zum Verzweifeln. Was mich aber an der wochenlangen Tyrannei ihrer Eltern am meisten gestunken hat: Nachdem Beatrix Ihren Eltern damit gedroht hat, mit mir wo anders hin zu ziehen, haben wir zum Schluss die Wohnung doch bekommen! Die ganze scheiß Streiterei für die Katz! Aber so waren die beiden damals halt. Eigensinnig, egoistisch und stur. Gott hab sie selig. Ach ja: Ich bin streng gläubiger Atheist!!!

Nun hatten wir also unser Reich. Endlich vereint. Naja, also Reich: Ein klitzekleiner Vorraum, Bad/WC, ein kleiner Wohn/Schlafraum und eine Kochnische. Ich glaube ca. 25m² Wohnnutzfläche GESAMT!!! Aber einen Balkon mit Aussicht auf eine Klagenfurter Ringstraße... was nicht wirklich was heißen soll. Woher die Einrichtung gekommen ist, weiß ich heute nicht mehr, aber sie war alt. Sehr alt. Alles total egal. Hauptsache, wir hatten unser gemeinsames zu Hause. Wo wir beide es uns gemütlich machen konnten... dachte ich! Womit ich aber damals nicht gerechnet habe, war der private Tierschutzverein der Eltern und seine Auswirkung auf unser und vor allem auf mein Leben.

Tiere und andere Hindernisse

Ich könnte heute noch heulen, wenn ich an (deren ihren) Tierschutz denken muss. Angefangen hat alles mit unserem Besuch bei einer Großtante von Beatrix am Wörthersee. Eine schrullige, alte und sehr liebe Dame. Die hat sich ein Bein ausgerissen, um uns alles recht zu machen. Und sie hatte einen Vogel. In der Küche stand ein Käfig mit einer Blaustirnamazone namens Lara. Ein selten dummes Vieh mit einer extrem schrillen Stimme. Wenn das Ding einen Pfeifton von sich gab, klang das so, als läge man mit dem Kopf in einer Trillerpfeife. Das ging echt durch und durch. Das Vogel-Teil konnte aber auch sprechen, nämlich: LARA...LARA... (usw.), LARA GUTI, GUTI, GUTI... (wenn sie Essen gesehen hat) und: AAAHHH... (DAS konnte der Trampelvogel am besten!!!).

Der Vogel hatte von Beginn an die Angewohnheit, mich mit seinem Blich zu fixieren. Ehrlich, Leute, ich bilde mir das nicht ein: Das Ding hat mich gehasst! Wirklich gehasst!!! Da war ich mir damals sicher und bin es heute noch. Und NIEMAND bringt mich davon ab!

Nach 20 Minuten ohrenbetäubendem Lärm gab ich auf, ging in den Hof und machte eine lange Rauchpause. Eine sehr laaannngggeee Rauchpause. Ich konnte nicht mehr. Meine Trommelfelle kurz vor der Zerstörung und meine Nerven gespannt wie Drahtseile. Draußen aber endlich Ruhe. Ich dachte so bei mir, wie das wohl wäre, diese Sirene pausenlos ertragen zu müssen und was man zu Papagei so isst. Kroketten und Rotkraut? Reis und Salat? Oder Bratkartoffel? Ich bekam Hunger und ging wieder hinein.

In meiner Abwesenheit hat sich drinnen einiges getan. Beatrix und Tantchen lagen sich in den Haaren wegen einer Sache, die ich anfangs nicht richtig verstand. Ich nahm mir ein Bier aus dem Kühlschrank und lies die beiden zanken. Manchmal streiften ein paar Wortfetzen an mir vorbei, ohne Wirkung zu hinterlassen. Ich ließ mir das Bier schmecken und dachte ans nach Hause fahren. In Ruhe vor dem Fernseher sitzen, mir vielleicht einen blasen lassen.

Dann war plötzlich Stille. Von mir unbemerkt hatten die beiden Damen die Wohnung verlassen. Ein paar Minuten später war die Tante wieder da und offerierte mir, dass Beatrix im

Auto auf mich wartet. Brav verabschiedete ich mich, ging zum Auto, stieg ein und hörte:

LARA?... LARA GUTI?

Was ich in diesem Moment dachte, habe ich- sicher bewusst- verdrängt. Wenn ich aber damals eine Waffe gehabt hätte... Was eigentlich kostet eine Heckscheibe für unser Auto? Das Streitgespräch der Mädels hatte zum Inhalt, dass der Vogel bei Tantchen nur in Pflege war und das jetzt, wo Beatrix eine eigene Wohnung hat, sie das Drecksvieh wieder mitnehmen muss! Meine Männlichkeit hat mich damals daran gehindert, loszuheulen wie ein kleines Kind. Wollen wollte ich schon, aber können konnte ich nicht. Nun hatten wir einen Papagei, der seine Schnauze nicht halten kann, Dreck macht, Geld kostet... und mich hasst!

Das mit dem „heute einen geblasen bekommen" habe ich an diesem Tag übrigens nicht mehr in Erwägung gezogen.

Traumfrau

Ein fast schon fremd gewordenes, aber wunderschönes Gefühl fängt langsam an, von dir Besitz zu ergreifen. Es ist schon unsagbar lange her, dass du so empfunden hast. Vergessen hast du es aber nie. Wie auch. Du hast dich immer wieder danach gesehnt. Tag für Tag. Nacht für Nacht. Woche für Woche... Aber auch, wenn es dir schwer fällt, in dieser Situation klar zu denken, stellst du dir immer wieder die Frage, wieso es das Schicksal auf einmal so gut mit dir meint. Womit hast du das verdient? Darfst auch du endlich wieder einmal glücklich sein?

Du kannst dich nicht mehr daran erinnern, wie du sie kennen gelernt hast. Das ist dir aber auch egal. Hauptsache, sie ist bei dir. Heute bei dir. Ganz nah bei dir! Sie streichelt dir sanft durch dein Haar und küsst dich so leidenschaftlich, dass du fast ohnmächtig wirst vor Verlangen nach ihr. Sie ist so wunderschön, so unsagbar schön.

Du ziehst sie sanft an dich und während sie dich mit ihren Lippen verwöhnt, knöpfst du vorsichtig ihre Bluse auf. Ganz langsam. Ihr habt die ganze Nacht Zeit für euch. Ja, Die ganze Nacht! Der dumpfe Kerzenschein im Raum lässt ihren makellosen Körper so zur Geltung kommen, wie du immer schon einen Frauenkörper sehen wolltest. Wie in Trance streifst du ihr das Seidenhemd von ihren Schultern. Ihr leises Stöhnen raubt dir fast den Verstand. Du schließt deine Augen und spürst ihren heißen Atem an deinem Hals, auf deiner Haut. Sanft leckt sie dir über die Brust, streichelt deinen Körper. Du gibst dich ihr bedingungslos hin. Jede ihrer Berührungen lässt dich erschaudern. Diese fast unmenschliche Zärtlichkeit. Du bist berauscht, von Emotionen überwältigt. Sie ist fast unerträglich sanft zu dir. Heute ist eure Nacht, deine Nacht. Niemals zuvor in deinem Leben warst du so glücklich, wie jetzt.

Diese Gefühle! Ja, natürlich. Du kennst diese Gefühle. Sehr gut sogar. Du öffnest Deine Augen. Dir fällt gerade ein, woher du diese Gefühle kennst. Das Gefühl, begehrt und geliebt zu werden. Das Gefühl von Zärtlichkeit und Geborgenheit. Das Gefühl, jemandem ganz nah zu sein. Natürlich kennst Du diese Gefühle. Du kennst sie aus deinen Träumen. Du liegst alleine im Bett und weinst. Wieder einmal. Ja, aus deinen Träumen...

Der Wecker holt dich endgültig in die Realität zurück. Du quälst deinen zitternden Körper ins Bad. Und während du dir die Zähne putzt und dich dabei im Spiegel anglotzt, denkst du an sie, an die Nacht mit ihr, an deine Nacht... Hoffnung lässt dich noch ein wenig tiefer sinken. Du fragst dich, ob sie heute Nacht wieder zu dir kommt, ob sie heute wieder nur für dich da ist, ganz nah. Sie ist doch alles, was du noch hast. Alles, was dir geblieben ist. Alles, was heute noch wichtig ist für dich...

Kraftlos und bekümmert ziehst du die Tür hinter dir ins Schloß und gehst zur Arbeit. Sehnsüchtig denkend an die letzte Nacht. Wieder einmal...

Daimler Benz und ich

Es muss jedem bis hierher klar sein, dass Beatrix und ich keine Zukunft hatten. Erst recht nicht mit DEM Vogel!!! Trennung, Auszug und Umzug in die BRD zu Freund Jürgen. Ein komischer Mensch, den ich in Kroatien kennen gelernt habe. Das aber war sicher nicht nur Freundschaft, wir hatten uns gefunden, ohne je nach uns gesucht zu haben. Und DAS ist mir nur einmal in meinem Leben untergekommen. Aber auch DAS ist eine andere, doch über längere Strecken auch langweilige Geschichte…

Eines Abends saßen wir vor mehreren Kanistern selbst gemachtem Most und gaben uns die Kante. Damals hieß Kante geben: Bis zum Ende und noch viel weiter! Heute undenkbar. Heute komme ich nicht mal mehr bis zum Ende. Und morgens früh um 5 Uhr waren wir halt weit über dem Erträglichen. Jürgen musste trotzdem unbedingt zur Arbeit und wollte, dass ich ihn zur S-Bahn begleite. Hab ich natürlich auch gemacht. Dort gab es (echt jetzt!) morgens früh um 5 Uhr einen Kiosk, der unter anderem Jägermeister verkaufte. Den wir dann auch widerwillig tranken. Wird ja sonst schlecht das Zeug. Dann kam die Straßenbahn. Jürgen wollte, dass ich mitfahre. Und irgendwann stand ich im Werk Daimler Benz Untertürkheim am Fließband. Leute: Hätten die mich damals erwischt, die hätten mich gleich vor Ort erschossen und mich wahrscheinlich irgendwo am Gelände Untertürkheim vergraben. In irgendeiner Wiese. Wie so viele…

Jürgen stellte mir dann eine einfache Aufgabe: „Da kommt am Band ein Motor mit einer Aufhängung, schon angeschraubt. Du nimmst diesen Schraubenschlüssel und schraubst die Aufhängung fest." Hab ich natürlich gemacht. Gewissenhaft. Echt. War ja auch nicht schwer. Bis Jürgen an meine Station kam und mich fragte, was ganz genau ich hier mache. Was ich damals nämlich nicht wusste: WAS ganz genau ein Drehmomentschlüssel ist! Ich hab die Schrauben mit aller Gewalt angezogen. Natürlich habe ich mich tierisch darüber aufgeregt, dass der verdammte Schraubenschlüssel kaputt ist. Der knickt beim Festziehen immer ab…

Jürgen hat mich daraufhin gebeten, umgehend das Gelände zu verlassen. Irgendwie. ALSO: Du stehst mitten in einem Hochsicherheits-Gelände einer Firma und willst da raus. Du hast keinen Werksausweis und kennst am Gelände keinen Mensch. Was also machst Du? Naja: Daimler Benz Werk Untertürkheim hat es mir sehr leicht gemach, in das Gelände einzudringen, also werden sie mich auch wieder raus lassen. Und ich wusste auch schon, wie.

Am Gelände gibt es ein Museum. Kannte ich. War ich schon mehrmals als Besucher. Und wie kommst du als Besucher vom Parkplatz zum Museum UND WIEDER RETOUR? Mit dem betriebseigenen BUS! Ich torkelte also hochkonzentriert durch das Betriebsgelände auf der Suche nach meiner Fluchtmöglichkeit. Nach 20 Minuten stand ich vor dem Museum. Mit dem nächsten Bus gelangte ich in die Freiheit und habe überlebt! Seit damals hab ich schon sehr oft mit Stolz erzählt, dass ich bei Daimler am Fließband gearbeitet habe. Danke, Jürgen…

Was ist Weihnachten

Der Duft von frisch gebackenem Lebkuchen streift durch die Menschenmenge und sucht erbarmungslos seine Opfer. Süchtige Zuckerjunkies, die schon seit Monaten eine unerträgliche Gier nach diesem Gebäck haben. Es riecht nach Mandeln, Zimt und Kardamom. Wie ein Schleier ein Frauengesicht umhüllt, legt sich der unerträgliche Gestank von frisch gebrühtem Glühwein über die Dächer der Buden. Weihnachtsmarkt in Stuttgart!

Und wer ist mittendrin? Jürgen und ich! Wir hatten beschlossen, uns einen schönen Vorweihnachts-Abend zu gönnen. Wenn wir beide um die Häuser zogen, war eines IMMER Pflicht: Eine Rote Wurst!!! Mit Worten kann ich nicht beschreiben, welchen seligen Genuss es für mich bedeutet, in diese Leckerei zu beißen. Ich bin total verrückt nach Roter Wurst. Danach bummelten wir langsam die Königstraße hoch, über den Schlossplatz und hinein in das Glühwein-Vergnügen. Da wir niemals Kostverächter waren, steuerten wir gleich die erste Alkbude an und machten und dort breit. Angekommen!

Wir bekamen bereits den zweiten Becher der Leckerei, die irgendwie nur zur Weihnachtszeit richtig schmeckt. Klingt komisch, is aber so. Denk mal darüber nach. Auf alle Fälle war Jürgen gerade am Rechnung begleichen, da fiel mir ein alter Mann auf, der links hinter dem Glühweinstand am Boden kauerte und versuchte, die eisige Kälte mit einer alten, dreckigen Decke von seinem Körper fern zu halten. Als er bemerkte, dass ich ihn ansah, zuckte er zusammen. Ich glaube heute immer noch, dass er sich geschämt hat. Jedenfalls tat er mir unendlich leid. Weil ich ihm eine Freude machen wollte, fragte ich, ob er gerne auch einen Glühwein haben wolle. Er bejahte und ich bestellte. Natürlich wurde mittlerweile auch Jürgen auf den alten Mann aufmerksam. Wir beide sahen uns an und verstanden sofort, was der andere sagen wollte. Auch Jürgen bestellte für den Mann ein Heißgetränk. Der Budenbesitzer hat zwar versucht, uns davon abzubringen, aber der Pisser hatte keine Chance gegen und zwei.

Leute, es war Weihnachten. Und auch, wenn ich nur sehr wenig Geld besaß, wollte ich es mir nicht nehmen lassen, unserem neuen Saufkumpanen eine Freude zu machen. Ich öffnete meine Geldbörse und gab dem alten Mann 5DM. Er schaute mich total verstört an und wollte gerade was zu mir sagen, da streckte Jürgen ihm auch 5DM hin. Ich habe in meinem Leben vorher und nachher nie einen erwachsenen Menschen so bitterlich weinen gesehen wie an diesem Tag. Und es erfreut mich heute noch, wenn ich daran denke. Der alte Mann ist ganz sicher schon tot, aber ich hoffe, er hat mich bis zum Schluss nicht vergessen.

Das, meine lieben Freunde, DAS ist für mich Weihnachten...

Hundeattacke

Nürnberg. Eine weit über Deutsche Grenzen bekannte Stadt. Natürlich wegen dem Lebkuchen. Aber in erster Linie wegen dort hergestelltem Spielzeug. Schon seit weit mehr als 100 Jahren gebaut und in die halbe Welt verschickt. Eine sehr schöne Stadt mit einem alten Stadtkern, einer schönen Burg und vielen Sehenswürdigkeiten. Leider habe ich auch dort ein paar Monate verbracht. Ich erinnere mich aber nur noch vage und habe darüber auch nichts zu erzählen! Echt nicht!!! Naja…

Nürnberg, anno 1988. Mein Leben war damals total desorientiert. Interessant, schön, geil, aber desorientiert. Auch deswegen verschlug es mich in diese Stadt. Wie bereits erwähnt hat Nürnberg eine wirklich schöne Burg. Und das Beste ist, das Gerät steht mitten in der Stadt auf einer Anhöhe, eingebettet in die Altstadt und für jeden zugänglich. Mehr noch: Die Burg hat einen sehr schönen Vorplatz, wo an vielen Tagen im Jahr die Menschheit zusammenkommt. Und weil „zusammenkommen" auch meines war und ist, bin auch ich auf diesem Vorplatz aufgeschlagen. 1x! Und dann NIE WIEDER!!!

An diesem Tag waren gefühlt 800 Menschen bei der Burg. Alles relax und stimmig. Ich kannte den Treffpunkt ja nur von Erzählungen, aber SO hab ich mir die Atmosphäre dort oben vorgestellt. Am rechten Rand standen Beton-Poller. Und wie für mich bestellt, war einer frei. Ich setzte mich darauf und find an, zu beobachten. Wie es halt auch schon damals meine Art war. Alle waren glücklich. Alle hatten sich lieb. Ich ließ das alles auf mich einwirken und hatte ein Gefühl der Zufriedenheit. Und DANN sah ich ihn!!!

Aus ca. 100 Meter Entfernung steuerte ein Tier geradewegs auf mich zu. Ganz cool und lässig. Ich hab mir das nicht eingebildet: Das Teil hatte ein wenig Swing in den Hüften. Von weitem erkannte ich schon: Hund/Katz/Ratte. Zirka 21 Rassen in einem Köter. Und er kam langsam, aber kontinuierlich näher. Das Tier steuerte zielstrebig auf mich zu. Und auch, wenn Ihr mich auslacht: Der Hund hat mich mit seinem Blick fixiert!!! Und er kam näher und näher… Mittlerweile war ich verunsichert. Ich hab mich ernsthaft gefragt, was das Tier von mir will. Und warum starrt der mich so an? Ungefähr 1,5 Meter vor mir blieb die Bestie stehen und musterte mich von oben bis unten. Dann trabte er wieder an, streifte mich rechts, hob sein Bein und pisste auf den Poller, auf dem sich saß. Und gefühlte 800 Menschen fingen wie auf Kommando an, lauthals zu schreien, jubeln und zu applaudieren. Und wenn sie Konfetti gehabt hätten, sie hätten es nach mir geworfen. Schon wieder zeigte jeder mit dem Finger auf mich! Aber ich glaub heute immer noch: Das alles, der Jubel und das Geschrei galt dem Hund…

Ich bin deswegen ganz sicher nicht traumatisiert, glaube ich, aber ich meide Nürnberg heute immer noch. Natürlich weiß ich nicht, was aus dem Hund geworden ist. Wenn ich aber ehrlich bin, interessiert mich der Drecksköter absolut nicht mehr…

Die Dunkelheit

Behutsam, beinahe unmerklich, beginnt die Nacht ihren Kampf gegen den Tag. Wie eine Anemone einen erbeuteten Fisch festhält und ihn langsam aussaugt, hat die Nacht damit begonnen, sich über die Sonne herzumachen, sie festzuhalten und ihr, Stück für Stück, die Lebensenergie zu nehmen. Räuberisch. Erbarmungslos. Zielstrebig. Und wie immer wird die Nacht diesen ungleichen Kampf gegen den Tag gewinnen. Fast unbeobachtet von Tagmenschen, die sicher nur instinktiv den Schutz ihrer Höhlen suchen, um sich dort müde und ängstlich mit ihren Familien zu verkriechen, fällt die Dämmerung wie ein düsterer Schleier über die Landschaft und beginnt damit, alles in Dunkelheit zu hüllen. Fast undurchdringliche, verschwiegene Dunkelheit. Endlich Nacht!

Nur wer genau hinsieht, wird die Gestalten erkennen, die sich von ihrer Umgebung lösen und sich in diese alles verschlingende Schwarzheit wagen. Oft unheimlich wirkende Individuen, perfekt angepasst an ihr gerade entstandenes Reich. Jäger. Sieger. Kämpfer. Nachtmenschen. Wie hungrige Raubtiere streifen sie in dieser Unwirklichkeit umher, immer auf der Suche nach Beute. Zielstrebig verfolgen sie ihr Ziel, ihren Hunger nach Macht und Ansehen zu stillen. Die Lichter der Stadt geschickt ausweichende, Tagmenschen verabscheuende Rudeltiere, denen es egal ist, was man über sie denkt, solange sie es nicht wissen. Endlich Nacht. Herbeigesehnte Nacht.

Die Welt zeigt endlich ihr von vielen geliebtes Schattendasein. Der Geruch von Alkohol breitet sich langsam auch in den hintersten Winkeln aus, kriecht wie die Pest durch alle Gassen. Nachtmenschen lieben es, bei dem Gestank zu jagen und auch sich dann mal an Huren zu reiben. Macht zeigen. Selbst, wenn Macht bezahlt werden soll. Glücksspielsüchtige Kreaturen, hechelnd und geifernd, sind auch Nachtmenschen. Eine Krähe hackt der anderen kein Auge aus. Ein Nachtmensch dem anderen Nachtmenschen? Dunkelheit. Fast undurchdringliche, verschwiegene Dunkelheit.

Und wie im richtigen Leben, so ist es auch im Leben der Nacht ein Kampf, wenn ein Rudelführer auf einen anderen trifft. Tiere sind darauf bedacht, ihre Stärke zu demonstrieren.

Nachtmenschen töten! Dunkelheit. Fast undurchdringliche, verschwiegene Dunkelheit.

Warum ich das alles weiß?...

Behutsam, beinahe unmerklich, beginnt der Tag seinen Kampf gegen die Nacht. Wie eine Anemone einen erbeuteten Fisch festhält und ihn langsam aussaugt, hat der Tag damit begonnen, sich über die Dunkelheit herzumachen, sie festzuhalten und ihr, Stück für Stück, ihre Lebensenergie wieder zu nehmen. Räuberisch. Erbarmungslos. Zielstrebig. Und wie immer wird der Tag diesen ungleichen Kampf gegen die Nacht gewinnen.

Fast unbeobachtet von Nachtmenschen kommt die Sonne wie eine Befreiung über die Landschaft und beginnt damit, alles in Helligkeit zu tauchen. Durchdringende, unverschwiegene Helligkeit.

Endlich wieder Tag!

GÜNTER ZIMMEL

Aufgewachsen bin ich in Klagenfurt als Nr. eins von vier Kindern. Nach der Pflichtschule habe ich leider eine Lehre als Zahntechniker absolviert. Anschließend knapp 3 Jahre Aufenthalt in der BRD. Dort meist in Stuttgart. 1995 Umschulung zum Bautechnischen Zeichner. Ich habe in dieser Arbeit meine Bestimmung gefunden und war 20 Jahre in diesem Beruf tätig. Heute bin ich wegen ein paar Wehwehchen in Frühpension. Ich schreibe selten aber doch auch Gedichte und gerne Kurzgeschichten. Das hier ist mein erstes Buch. Ich hoffe, es gefällt. Leider habe ich dafür fast 15 Jahre gebraucht. Frag bitte einfach nicht. Beim Nächsten bin ich bestimmt fixer.

Alle Storys von Günter Zimmel
zu finden auf www.story.one

Viele Menschen haben einen großen Traum: zumindest einmal in ihrem Leben ein Buch zu veröffentlichen. Bisher konnten sich nur wenige Auserwählte diesen Traum erfüllen. Gerade einmal 1 Million publizierte Autoren gibt es derzeit auf der Welt - das sind 0,013% der Weltbevölkerung.

Wie publiziert man ein eigenes story.one Buch?

Alles, was benötigt wird, ist ein (kostenloser) Account auf story.one. Ein Buch besteht aus zumindest 12 Geschichten, die auf der Plattform gespeichert werden. Diese lassen sich anschließend mit ein paar Mausklicks zu einem Buch anordnen, das sodann bestellt werden kann. Jedes Buch erhält eine individuelle ISBN, über die es weltweit bestellbar ist.

Auch in dir steckt ein Buch.

Lass es uns gemeinsam rausholen. Jede lange Reise beginnt mit dem ersten Schritt - und jedes Buch mit der ersten Story.